Osadías y descalabros
(2021-2023)

MIGUEL SÁNCHEZ-OSTIZ

Osadías y descalabros
(2021-2023)

PAMIELA
argitaletxea

Ilustración de cubierta:
PEDRO DE LA SOTA

© Miguel Sánchez-Ostiz, 2024
© Pamiela para la presente edición
Diseño y fotocomposición: **Lamia
Pamiela**. Polígono Ezkabarte
Calle K 31. Arre (Navarra)

e-mail: pamiela@pamiela.com
www.pamiela.com

DL NA 502/2024
ISBN: 978-84-9172-378-3

Impreso en Navarra por Rodona Industria Gráfica
Polígono de los Agustinos / Soltxate
Calle A, nave D12. Pamplona-Iruñea 31013

Printed in Navarre

Osadías y descalabros

(2021-2023)

.

Para Dominique

OSADÍAS

No sé si Margarit se refería a los que resultan imposibles porque palabras e ideas escapan; pero ahora sé que llega el día en que te fallan las fuerzas y también las verdaderas ganas y la mirada se apaga, los recuerdos encanecen, se debilitan y borran y no hay palabra que los resucite. Te has derrotado y lo sabes, y sin embargo insistes, osado y sin futuro alguno, en poner una palabra detrás de otra, persiguiendo fantasmas y oscuridades y unos versos que se sostengan y te sostengan, pero que huyen sin remedio.

FUNAMBULISTAS

¿A quién le cuentas de tu cuerda floja? Si cada cual tiene la suya, si quien no bailotea sin red en la maroma está estampado contra el suelo, mientras el público pide «¡Otra! ¡Otra!».

PONERME EN PAZ

«Ponerme en paz con cuanto quise.»
JOSÉ MARÍA ÁLVAREZ, en *The Pearls*

Ponerme en paz con cuanto tuve y perdí, sin remedio ni misericordia. Hasta las ganas perdí, de golpe y porrazo (literal).

Ponerme en paz con cuanto quise y pude tener y no tuve. Ignorar los motivos de tus descalabros, a cierta edad, la de la vejez más que anunciada en el decaimiento del cuerpo, en la cicatriz que no desaparece y en las muchas arrugas y la debilidad del cuerpo vacilante que ayer caminaba con soltura y brío, es cordura.

Pues son dañinos y solo añaden dolor al recuento de lo vivido a trancas y barrancas, entre el deseo y la desidia, las deserciones y las cobardías. Mejor resulta, tras las borrascas, zambullirse en la poza de Lete, la del olvido. Y, si se puede, mudar de piel.

MIRE COMPADRE, TRAGO PREPÓSTUMO

Mire compadre, no quiero cuentos. No me cuente inventos fraternales, que me emociono. No me diga cómo fue mi final de jatorra en campaña ni dónde ni con quién estaba o con quién no, no me asuste, no me acongoje.

Mire compadre, deje las cosas como están, no remueva el cieno, vayamos cada cual, en paz, por nuestro lado. No le pido más. Recuerde que ya hace años que bebimos la última para el camino, que ha sido, de verdad, largo.

«¿QUIÉN ESTÁ AHÍ?»

Lo pregunta uno que acaba de bajar a la bodega. No ve bien y se le nota porque tropieza y rueda escaleras abajo. ¿Quién le mandaba meterse donde no debía?

Por eso pregunta a ver quién está ahí, agazapado detrás de una recia tapa de fuesa de los enterramientos familiares de la antigua iglesia, derribada hace más de cien años.

Ahí se esconde, como puede, el jatorra de la alegre botarga, que oculta a otro que no lo era tanto, ni mucho menos. Un auténtico falso, un espejismo, burlón, sí, pero melancólico, como buen payaso. Y este escondía a quien creía vivir en otro tiempo, hasta que cayó en la cuenta de que vivía en una casa en ruinas.

Es preciso atreverse a vivir la propia verdad, y ponerse en claro, aunque duela, así solo tengas un día para hacerlo.

EL BAILE DE LOS AUKIDOS

Supongo que la vejez será esto: un «cerrado» y un «se vende» vistos al paso en lugares que hasta ayer eran puntos de referencia de lo vivido y hoy son de «liquidación por derribo». Un decirse «Aquí vivía», o peor aún, «Aquí viví de joven». Un cerrar la puerta y un taparse ojos y oídos. Y en lo público, un nuevo orden hecho de patrañas, abusos de autoridad y violencia que no entiendes.

Del predicador puño en alto por los descampados no queda nada, decepción, hartadumbre y tristeza por tanta vida echada a perder, desarbolada. Un orden viejo que te parece detestable y que ves como una turbia amenaza hasta para tus sueños últimos de mejor vida, los del tiempo de las cerezas que nunca viste: una mera canción vehemente de tus 20 años, cuando la vejez estaba muy lejos.

UN ERUDITO EN TIEMPOS DE ZOZOBRA

El estudioso persigue pícaros en tiempos policiacos de terror y pesquisa, pícaros de tiempos y lugares lejanos, porque nadie puede estar seguro, si hasta en su casa las paredes oyen.

La libertad o su atisbo está en las andanzas de esos desharrapados y sus descacharrantes aventuras, desgarradores y amargos lances de infortunio, de perra suerte y peor envite.

DE LAS VIEJAS AMISTADES, COMPAÑERAS DE MI VIDA

Amigos que se fueron por las bravas, sin despedirse, cartas que no fueron contestadas, vacíos y cuentas pendientes, celos de la edad brava. Poco importa, ya fueron: vientos y veletas al frente de un negociado de pompas fúnebres.

DESARZONADO

Derribado por un golpe imprevisto, no logras volver a montar de nuevo y se te va la vida en los intentos, hasta que aceptas el golpe irreversible y sus consecuencias devastadoras y a pesar de todo, insistes, visionario en la remonta y en un picar espuelas que al suelo lleva, más pronto que tarde. Ese es el riesgo de buscar sin descanso la ventura…

INTERIOR CON FIGURAS

No fuimos nada o peor aún, poca cosa, sumisos peones de un juego ajeno, materia para el derribo y el olvido. Nuestra historia desconocida en manos de otros, por ley divina hecha humana de obligado cumplimiento. Nos iba la vida en las devociones ajenas hechas propias a la fuerza.

Nos comió la lengua el gato y las moscas hicieron el resto.

APLAUSOS INCONDICIONALES, EDUCACIÓN SENTIMENTAL O SANTA CLAQUE

Nos mentían a placer y aplaudíamos con garbo porque aplaudir era de obediencia debida.

Nos podía costar caro disfrazarnos de sordos, de mudos, de idos. Aplaudíamos, ignorantes de que la virtud era crimen y la heroicidad estafa de la escena y crimen encubierto, de que nada era lo que parecía y lo que parecía, no era nada que valiera un aplauso, ni un solo latido.

TESTAMENTO INÚTIL

Si nadie queda que ocupe tu silla ni tu mesa de matanza diaria, a qué dejar encima lo que no posees ni vas a tener. Ni tu sombra puedes dejar. Como mucho, un nombre enterrado entre papeles, libros y cachivaches, cuatro letras. Humo, humo, humo, humo. Mal ejemplo y peor legado.

CHIRRIÓN ÚLTIMO

La muerte maneja el tiro: esa es historia vieja y no aprendida, hasta que la indeseable derriba la puerta, se mete en el espejo profundo de la sala de respeto y desde esa lejanía te observa, paciente, dar cuenta de tu última cena solitaria. En la casa imaginaria, una más, la última, dices, convencido a medias. Antes de que se apaguen del todo las luces.

UNA LUZ QUE SE ESCAPA *(VANITAS)*

«Som una llum que s'enfuig.»
RAIMON

*(París, verano de 1967, el de la patraña
de toda la vida por delante.)*

Una luz que se escapa. Un fuego fatuo a lomos de un
murciélago que sale de caza en los desvanes ruinosos de
tu vida. Una breve candela en manos de un alma en pena,
fugada de una casa de locos.

Una luz que se apaga de pronto y deja una leve columna
de humo sobre la calavera de la amante desconocida y en
el aire un fugaz olor a chamusquina, no más, sombras en
el escenario de un muro ciego.

En *Una sombra ya pronto serás,*[*] el cuco Coluccini,
perdido en plena Pampa, se va para Bolivia en busca de
armarse un nuevo circo, después de haberse jugado hasta
los sueños al truco.

* De Osvaldo Soriano y Héctor Oliveira

CAÍN ANDA SUELTO

En la patria de Caín está mal visto no compartir los odios y los rencores del que más fuerza o voz tiene y no dar matarile verbal al demonio del día. Está mal visto no aplaudir los descabellos del patriota bravucón que alardea, rojigualdo, en pista, camorrista de los cielos y la tierra, Rospo bufo de ciénaga española que paga bien, paga. Sabido es que no sacarlo a hombros del circo de las fieras te convierte a ti en el ogro de ocasión y en pieza de caza a cobrar sin veda posible, en una fiesta de locos desatados.

PAPAMOSCAS Y COMPAÑEROS DE MI VIDA

Jovencitos con botines
P. G. Wodehouse

Abrir la boca para mentir y cerrarla de seguido para lo mismo. Cuando dices que la exclusión no te importa, mientes, y lo haces cuando afirmas lo contrario. Y cuando no dices nada, ¿qué dices? Hablas entonces un idioma que nadie parece entender: el silencio.

No hubo tiempo de la amistad, como mucho lo fue del compadreo en el vinoso cuerpo de guardia de la Garduña hecho humilladero de guapetones, dandis fules de pueblón y matasietes buscarruidos.

Ni ceniza queda de los días de la patraña.

Éramos cuadrilleros de un mal poema y comparsas borrosas de una peor novela, escrita por un lelo, talladores de una penosa biografía de cómicos de cuatro perras. No más.

Las cuatro perras del caricato que se exhibe y bailotea en vano en la escena, para morir, desnucado, en el foso de la orquesta.

YA ERA TARDE

« Je voudrais pas crever »
B. Vian

¿Cuándo se hizo tarde? Sin duda la noche que dijiste mañana, mañana empezaré de nuevo, y bajaste el telón de fuego. A la mañana siguiente, en la costanera, había una marea tan baja que parecía que el mar plomizo se había retirado, como si no hubiese estado nunca y tú tampoco.

Soplaba un ventarrón que hasta en sueños impedía atravesar el Estrecho de Magallanes.

Eso ya fue y no tiene vuelta de hoja, ni regreso posible. Se acabaron los viajes, y si me apuras hasta los inmóviles. ¿A dónde irías? De vuelta está claro, por las tareas pendientes lo digo. Retomar viajes truncados, aunque sean imaginarios. ¿La Paz en Bolivia? ¿Valparaíso en Chile? ¿Escocia, Edimburgo? Estambul, seguro, Lisboa también.

Te fallan las verdaderas ganas, amén del cuerpo, y tienes más miedo que alma a los quebrantos de salud ya padecidos, allá lejos y aquí cerca. El «quisiera no morir sin haber conocido las siete plagas», de Boris Vian, queda muy lejos, en tus 20 años, cuando la vejez estaba de verdad lejos y el conocer las enfermedades que se atrapan allá lejos solo era un verso de una hermosa canción de Serge Reggiani.

A cierta edad, esa desde la que esto escribes, piensas en los viajes hechos y por hacer y recuerdas un pasaje de Magris en su *Danubio* cuando habla del castillo alemán de Sigmaringen y de las frases latinas que ornan sus muros y que celebran el amor al lugar natal, el espíritu residente, arraigado en su propia morada y carente de la manía de abandonarla: *«domi manere convenit felicibus»*, conviene a los felices quedarse en casa.

¿Felices, seguro? dichosos como mucho y puedes estar contento.

DESCONSUELOS

Del verdadero desconsuelo no sabes nada porque no quieres, porque has tenido suerte y la ignorancia te salva. No has perdido nada que de verdad te aflija: el tiempo, las oportunidades irremediables.

Te das miedo de esa guisa. Nada que ofrecer, tienes las manos vacías. Casi nada te consuela.

Por eso te inventas embustes, falsas memorias y consuelos líricos para dar el pego, porque de la vejez y del dolor no sabes, en realidad, nada, mero testigo y espectador miedoso de sufrimientos ajenos.

De los días junto al fuego del invierno queda un olor a hollín húmedo y a ruina en penumbra.

El agua helada, la noche que cae contra el sol que pinta muros del color amarillo indio del ají peruano, pesado en la romana del mercado paceño, calle tumultuaria, olorosa, reñidora.

Al petirrojo, lo mató el gato viejo ajeno a la casa.

Era una alegría verlo en las ramas del manzano.

Contra el aguacero, la última hortensia azul y las del color de la roña sobre las hojas podridas de la casa y el jardín abandonados y, sin embargo, habitados en sueños extenuantes de despierto.

[16.XII.21]

45

FUERA DE LUGAR (METRO, 18.II.2022)

Sospechoso habitual en los ojos turbios del abusivo guardia de seguridad, que, tras calibrarte de abajo a arriba, te conmina con la mano en tu espalda a desaparecer de escena.

Vas de derrota en derrota, cansado, mucho, después de un día de trote callejero; pero te ven borracho y culpable de no estar donde debieras. Estás fuera de lugar, estás de más… vuélvete al cementerio, que enseguida se hace tarde.

LUZ DE ATARDECIDA

Esa última luz de la tarde en la ciudad que te es ajena, esa congoja de ratones viejos,* ese aviso del último viaje clavado en la puerta de la noche, esa carcoma antigua que te ha taladrado.

* *Ascalapha Odorata*: mariposa heraldo de la muerte (México).

TROMPETA DE TRITÓN

Tiempo de poda y de espantar al invierno, por eso soplas con toda el alma en la trompeta de Tritón, *Charonia tritonis*, que guardas en un cuarto oscuro y secreto, como un tesoro pobretón, en recuerdo de los mares de Asia por donde no has navegado.

El lugar de ver el mundo al revés, entrando por el ojo de la cerradura, el cuarto de los baúles de viajes ultramarinos que no has hecho, forrados con un papel pintado con loros multicolores.

El cuarto donde se esconden los recuerdos indeseados, el que es, a la vez, escondite y celda de castigo.

JUNTACOSITAS

(Jaime Saenz en *Felipe Delgado*)

Atesoro cosas y cositas sin otro valor que el de ser vagos recuerdos de lo vivido: las manías de la vejez, a modo de rescoldos y reliquias brumosas de pasiones y momentos dichosos que ya fueron.

HURT

Si pudieras volver atrás, pero no puedes, y lo sabes, e insistes, y sientes el daño causado por inadvertencia o mal humor, los desfallecimientos, las raterías y embustes y el egoísmo de un menesteroso que vivía una vida inventada o armada a medias, por falta de arrojo o de talento y coraje para inventársela entera.

No tienes ni olvido ni absolución posibles y a pesar de ello, no callas.

AGRADECIMIENTOS

Este libro ha sido posible gracias a los buenos oficios
de los poetas Luigi Anselmi y Jose Angel Irigaray,
así como a mi ya muy viejo amigo Pedro de la Sota
por la ilustración de cubierta.

ÍNDICE

Osadías y descalabros
(2021-2023)
se terminó de imprimir en marzo de 2024,
en Rodona Industria Gráfica de Pamplona,
empleándose para su composición
los tipos A Garamond.
Esta edición consta de
quinientos ejemplares.